AF337749

LES
BOURBONS
ET
L'ÉTRANGER

Paris. — Imprimerie Guiraudet et Jouaust,
rue Saint-Honoré, 338.

LES
BOURBONS

ET

'ÉTRANGER

PAR

M. FRÉDÉRIC DOLLÉ

r de l'Histoire des Six Restaurations françaises

* * *

PARIS

DENTU, Libraire au Palais-Royal ; F. DOLLÉ, 45, rue du Rocher ;

Frout (Mlle), à Rennes ;	Hivert, a Amiens ;
Sénac, à Toulouse ;	Manceron, à Bourges ;
Delpech, à Bordeaux ;	Manoury, à Caen ;
Pallez-Rousseau, à Metz ;	Frère, à Rouen.

29 septembre 1852

La Restauration de Louis XVIII fut un événement providentiel, qui n'avait été ni
cherché, ni prévu.   A. THIERRY.

Les puissances voulaient respecter l'indépendance du vœu national.
                    BENJAMIN CONSTANT.

Le 31 mars 1814, les étrangers, dans leur
victoire, n'avaient point encore songé aux
Bourbons.   TH. BURETTE.

Le peuple français appelle *librement* au trône
de France Louis - Stanislas - Xavier de
France, frère du dernier Roi, et après lui
les autres membres de la maison de Bourbon, dans l'ordre ancien.   .
          DÉCRET DU SÉNAT du 1er avril 1814.

Soldats! la France ELLE-MÊME a voulu
d'autres destinées; soyez fidèles à votre
nouveau Roi.   NAPOLÉON, le 20 avril 1814.

AVANT-PROPOS

Le 29 septembre 1851, *la Presse* a publié un article signé A. DE TOULGOET, dans lequel je trouve cette phrase incroyable : « On peut remonter sur le trône » comme Louis XVIII, et alors on s'appelle *le parti de* » *l'étranger.* »

Indigné de ce propos anti-français, j'envoyai à *l'Impartial de Rouen* une protestation signée : Ney, Carnot, Soult, Louis Blanc, Auguste Barbier, A. Thierry, Théodore Burette, Benjamin Constant, etc., qui tous reconnaissent que « la Restauration des » Bourbons fut un événement providentiel, qui n'a- » vait été *ni cherché ni prévu.* »

La plus grande partie des journaux de Paris et de la province, sans oublier l'excellente *Gazette de Flandre et d'Artois,* ayant reproduit ma protestation, je crus naïvement avoir réussi à réfuter pour toujours une abominable calomnie ; mais je me suis trompé, je comptais sans *l'illustre* historien Granier de Cassagnac, qui a osé se permettre une inqualifiable flatterie à l'endroit du prince Louis-Napoléon, qui certes est au-dessus des adulations de ce glorieux fossoyeur de toutes les causes qu'il a défendues jusqu'à ce jour. Enfin, M. de Cassagnac, parlant du retour à l'Etat des biens que Louis-Philippe possédait avant le 7 août 1830, dit : « Louis-Napoléon est jusqu'ici dictateur comme » Louis XVIII, avec cet avantage que Louis XVIII avait » *reçu sa dictature des Prussiens*, tandis que Louis-» Napoléon a reçu la sienne des Français. »

Puisqu'on a osé commettre encore ce mensonge historique, je veux le réfuter une fois de plus, et je suis sûr de faire acte de bon Français. Je reprends donc ma lettre à *l'Impartial de Rouen*, et après l'avoir relue, corrigée et augmentée d'un grand nombre de protestations nouvelles contre les calomnies intéressées de messieurs de la *Presse* et du *Constitutionnel*, je la livre à mes concitoyens, en les priant de la propager autant que possible, afin d'arrêter les détestables effets du poison Cassagnac et compagnie. J'en appelle à la raison, au bon sens de tous : si les étrangers étaient venus en France pour rétablir les Bourbons, il est évident qu'ils auraient voulu épargner les Français, et surtout la capitale du royaume. Eh bien ! écoutez le *Times* d'avril 1814, il avoue franchement, brutalement même, la pensée, le désir des étrangers coalisés:

« Si Blücher, dit le journal anglais, si les Cosaques
» parviennent à Paris, le siége principal de la richesse
» et de l'industrie des Français, quelle merci lui fe-
» ront-ils? et pourquoi lui feraient-ils aucune grâce?
» Epargneront-ils les précieux monuments que ren-
» ferme cette ville immense? Oh! non, non; les guer-
» riers indignés s'écrieront : Que toute pitié retourne
» au ciel; c'est aujourd'hui le jour de la vengeance et
» de la destruction!

» Paris est la capitale de la France, et, en frappant
» cette ville, *nous frappons au cœur la nation fran-*
» *çaise*. Peut-être, au moment où nous écrivons,
» cette cité est déjà réduite en cendres! »

Ensuite, si nos ennemis étaient venus pour restaurer les Bourbons, il est probable qu'ils auraient au moins accepté les royalistes pour auxiliaires. Il en a été tout autrement, comme on va voir. En 1814, quelques manifestations monarchiques ayant eu lieu à Dijon, le prince de Hesse-Hombourg, qui commandait cette place, déclara qu'il s'opposait formellement à toute démonstration royaliste, et qu'il ferait fusiller comme *séditieux* tous ceux qui enfreindraient son ordre.

Et encore :

Metz était occupé par les armées russes et prussiennes. Le gouverneur et le commandant habitaient, l'un l'évêché, et l'autre la préfecture. M. le comte d'Artois ayant demandé, par l'organe de MM. le baron de Fevrel et de Caillebot de Lassalle, de quelle manière on le recevrait s'il entrait dans Metz, se rendant à Nancy, il lui fut répondu qu'on le recevrait comme un simple particulier *étranger*, sans aucun titre ni qualité quelconque et sans décoration. Quant au logement, les alliés non seulement se refusèrent à céder l'évêché ou la préfecture au Prince, au descendant de soixante rois, mais encore on lui interdit d'habiter aucun monument public. On eût recours alors aux maisons particulières, et il ne se trouva qu'un seul homme de cœur, M. de Mique, qui osa mettre sa maison à la disposition du comte d'Artois (1), malgré le mauvais vouloir des étrangers.

Voilà, il faut l'avouer, de singulières manières d'agir envers des amis!...

______

(1) M. le comte d'Artois fit son entrée à Nancy *le 19 mars* 1814, c'est-à-dire un mois avant les événements de Paris; il était accompagné de M. le comte François Des Cars, et s'il fut reçu avec un enthousiasme extraordinaire, et aux cris de : *Vive le Roi! vivent les Bourbons!* c'est que la ville était livrée à elle-même; c'est que pas une cocarde étrangère ne se trouvait là pour attrister et contenir la joie commune.

Mais les pièces diplomatiques officielles (1), les dépêches, les correspondances, les proclamations, tout prouve la vérité de ce que j'avance. Citons quelques extraits :

Le duc de Wellington au comte de Grammont :

Le 20 décembre 1813.

M. de Mailhos, qui vient de l'intérieur de la France, m'ayant exprimé sa ferme persuasion que le peuple français désirait voir un des princes de la maison de Bourbon, et m'ayant témoigné le plus vif désir que le comte de Grammont allât en Angleterre, afin de donner connaissance aux princes de cette maison de l'état de la situation des affaires et de l'état de l'opinion, et le comte étant dans le voisinage avec son régiment, j'ai consenti à son départ, et je pense qu'il est à désirer qu'il aille remplir cette mission.

Je lui ai recommandé, toutefois, de faire bien attention à ce qui suit :

Aucune démonstration publique des désirs du peuple français en faveur de la maison de Bourbon n'ayant encore eu lieu, et aucune preuve n'existant de la vérité des assertions de M. de Mailhos (quoique je la regarde comme très probable, d'après ce que j'ai éprouvé, vu et entendu), et comme les alliés ont toujours déclaré que *le but de leurs opérations militaires était de faire la paix avec Bonaparte*, et qu'il court des bruits de négociations, je recommande au comte de Grammont d'avertir les princes de la maison de Bourbon d'y bien réfléchir et de penser à toutes les conséquences, avant de faire la démarche qu'on leur propose.....

Je parle ainsi afin que ces princes envisagent clairement l'é-

____

(1) *Recueil choisi des Dépêches et Ordres du jour du feld-maréchal duc de Wellington*, par le colonel Gurwood, lieutenant de la tour de Londres. Bruxelles, Méline.

tat de la question, et qu'ils voient les dangers auxquels ils exposent leurs amis et leurs adhérents, et pour que, dans le cas où un membre de leur famille se déciderait à faire la démarche qu'on leur propose, *il soit bien entendu que c'est un acte de leur propre fait*, et que moi, au moins en ce qui regarde le gouvernement de la Grande-Bretagne, j'ai signalé les dangers auxquels serait exposé le salut de tous leurs adhérents en France, si l'on réussissait à conclure une paix générale.

Le duc de Wellington au maréchal sir W. Beresford :

Saint-Sever, le 17 mars 1814.

Il y a un grand parti à Bordeaux pour la maison de Bourbon, et je vous prie de vous en tenir aux instructions suivantes pour ce qui regarde ce parti et ses projets.

Si l'on vous demande votre consentement pour proclamer Louis XVIII, pour arborer le drapeau blanc, etc., etc., vous déclarerez que la nation anglaise et ses alliés sont bien portés pour Louis XVIII...; *mais* que le but des alliés en faisant la guerre, et surtout en entrant en France, est, ainsi que je l'ai dit dans la proclamation, *la paix;* qu'il est notoire que les alliés sont en train de négocier un traité de paix avec Bonaparte; que, bien que je sois disposé à aider et à soutenir tout parti contre Bonaparte, tant que nous serons en guerre, je ne pourrais plus donner la même assistance lorsque la paix sera conclue, et que j'invite les habitants à bien peser leurs démarches avant de lever l'étendard contre le gouvernement de Bonaparte, et de s'engager dans des actes d'hostilité.

Si cependant, malgré cet avis, la ville juge à propos d'arborer le drapeau blanc et proclame Louis XVIII, ou prend quelque autre parti de ce genre, vous ne vous opposerez pas...

Si la municipalité déclare qu'elle ne proclamera pas Louis XVIII sans vos ordres, *vous refuserez d'en donner à cet égard* pour les motifs indiqués plus haut.

Le duc de Wellington à S. A. R. le duc d'Angou-
lême :

Aire, le 16 mars 1814.

... Je ne me refuserai pas à ce qu'on proclame le Roi, mais je prie V. A. R. de m'excuser, au moment actuel, d'y prendre aucune part quelconque.

J'avoue à V. A. R. que, si je n'étais pas porté à cette décision par mes devoirs envers les souverains dont je commande les armées, je le serais par la proclamation de M. le maire de Bordeaux, du 12, faite, je l'espère, sans le consentement de V. A. R., *comme elle l'a été sans même l'autorisation du maréchal Beresford.* Il n'est pas vrai que les Anglais, les Espagnols et les Portugais « se soient réunis dans le midi de la France, comme » d'autres peuples au nord, *pour remplacer le fléau des na-* » *tions par un monarque père du peuple.* » Il n'est pas vrai « *que ce n'est que par lui que les Français peuvent apaiser le* » *ressentiment d'une nation voisine* contre laquelle les a lancés » le despotisme le plus perfide. » Il n'est pas vrai, non plus, dans le sens énoncé par la proclamation, que « *les Bourbons* » *aient été conduits par leurs* GÉNÉREUX *alliés.* »

Je suis sûr que V. A. R. n'a pas donné son consentement à cette proclamation, parce que c'est contraire à tout ce que j'ai eu l'honneur bien souvent de lui assurer.

Monseigneur, j'espère que les souverains dont je commande les armées, et les peuples dont je possède la confiance, me croiront, et non le maire de Bordeaux.

Dans un autre ordre du jour, daté de Seysses 29 *mars* 1814, c'est-à-dire plus de dix jours après que Nancy et la plupart des villes de France s'étaient officiellement déclarées pour les Bourbons, lord Wellington se plaint encore amèrement qu'à Bordeaux « *certaines personnes de la ville* aient proclamé

» Louis XVIII CONTRAIREMENT *à son avis et à sa ma-*
» *nière de voir.* »

Que répondre à tout cela? est-ce assez clair?...

Eh bien oui ! je le crois, les étrangers, comptant sur nos divisions intestines, espéraient partager « ce beau » royaume que Rome expirante enfanta au milieu de » ses ruines comme un dernier essai de sa grandeur»; mais le petit-fils de saint Louis se plaça encore une fois entre son peuple et nos ennemis, et la France fut préservée du sort de la malheureuse et catholique Pologne : Honneur donc au patriotisme séculaire de nos Bourbons !... — Honte aux ingrats !...

***

Nota. — Je considère comme très incomplète la première publication que je fais aujourd'hui de cette Lettre historique. Aussi je prie les personnes qui la liront avec un esprit de bon vouloir et d'équité de m'adresser les documents qu'ils croiraient propres à modifier ou à fortifier ce que j'avance. Loin de moi la pensée de vouloir attaquer systématiquement l'illustre capitaine qui a fait grand nombre de bonnes et belles choses, et a poussé l'amour de la gloire jusqu'au délire; mais j'ai essayé de dire la vérité sur l'époque si méconnue, si calomniée, de 1814, et j'ai la conscience d'avoir fait une bonne action.

LES
BOURBONS
ET
L'ÉTRANGER

———◆◆◆———

Nous entrons dans une ère de restauration, de ré
paration, de réconciliation universelles, dans laquelle
il faut que chaque chose, que chaque homme, re-
prenne la place qui lui appartient (1). Il nous faudra
bien souvent adorer ce que nous avons brûlé et brûler

———————————————————————————————

(1) MM. de Sainte-Beuve et de Pontmartin ont glorieusement
commencé cette œuvre de justice à l'égard de Béranger et du
maréchal Marmont : Béranger, reconnu coupable d'avoir chanté
l'immoralité, la haine de la religion et la discorde entre Français, a été précipité du piédestal que lui avait élevé, sous la
Restauration, ce même *Constitutionnel* qui enregistre aujour-
d'hui sa déchéance. M. le duc de Raguse est justifié des calomnies dont on avait voulu ternir sa gloire militaire : au
lieu d'être un traître, le maréchal est maintenant un savant illustre et le meilleur grand homme de guerre de son temps. En
France, la vérité finit toujours par avoir raison.

ce que nous avons adoré depuis 1789 ; mais à chacun sa part de gloire ou de honte, et à l'histoire ses leçons et la vérité.

I

« Calomniez ! calomniez ! il en restera toujours quel-
» que chose, » dit une déplorable maxime : aussi nos révolutionnaires modernes n'ont-ils pas manqué de la mettre en pratique. Entre mille exemples, je citerai *la Presse* du 29 septembre 1851, où je trouve cette phrase : « On peut remonter sur le trône com-
» me Louis XVIII, et alors on s'appelle *le parti de l'é-*
» *tranger.* »

Ce mensonge anti-français a été cent fois réfuté et cent fois renouvelé par nos prétendus patriotes, qui ne s'aperçoivent pas qu'en parlant ainsi ils calomnient, ils flétrissent la France : car il est évident que, si les Bourbons nous avaient été *imposés* par l'étranger, si nous n'avions pas voulu des Bourbons, nos protecteurs, nos défenseurs, nos sauveurs incessants de quatorze siècles, c'est que nous aurions été assez *lâches* pour ne pas nous défendre contre l'ennemi commun ; mais, grâces à Dieu et au bon sens français, il n'en a jamais été ainsi. Louis Blanc dit dans son *Histoire de dix ans :*

« L'histoire, qui plane au dessus des mensonges de
» parti et qui juge les nations endormies, l'histoire
» dira qu'en 1814 *Paris ne voulut pas se défendre ;*
» que la garde nationale, à l'exception de quelques
» gens de cœur, ne fit pas son devoir ; que la bour-

» geoisie, enfin, à part *un petit nombre* d'écoliers
» valeureux et de citoyens dévoués, quoique riches,
» courut au devant de l'invasion. »

On le voit, d'après M. Louis Blanc lui-même, ce serait la France entière qu'il faudrait accuser de la restauration toute providentielle des Bourbons ; mais personne n'a été coupable, excepté Napoléon. Je vais essayer de le prouver par des faits et par des dates, et j'espère réussir.

Voici d'abord ce que dit le maréchal Ney dans une lettre adressée au prince de Talleyrand et datée du 11 avril 1814, onze heures du soir :

« *Un événement IMPRÉVU* (1) ayant *tout à coup*
» *arrêté les négociations qui cependant semblaient pro-*

---

(1) *Un événement imprévu !* J'espère que ce mot, dit par e maréchal Ney, répond victorieusement aux lignes suivantes de *la Presse* du 6 août 1852 :

« La *Gazette de France* prétend que ce ne sont pas les souverains alliés qui ont rétabli les Bourbons en 1814. Si les souverains alliés n'eussent pas été vainqueurs en 1814 sous les murs de Paris, est-ce donc que les Bourbons fussent rentrés en France ?

Y sont-ils rentrés par une de ces « *soudaines résolutions* ou
» l'une des cent éventualités si faciles à entrevoir avec un peu
» d'imagination » dont parle la *Gazette de France* ? Quelles sont donc ces résolutions soudaines et ces éventualités nombreuses ? — Ce sont des phrases creuses, rien que des phrases creuses, et M. de Lourdoueix, qui les a tracées, le sait aussi parfaitement que nous. »

Ce que vous savez aussi parfaitement que nous, M. de Girardin, c'est que vous trompez vos lecteurs en continuant, malgré d'itératives réfutations, vos calomnies anti-nationales... Au reste, que peut faire l'honneur de la France à *Sa Pudeur* M. de Girardin ?...

» *mettre les plus heureux résultats*, je vis dès lors
» que, pour éviter à notre chère patrie les maux
» affreux d'une guerre civile, *il ne restait plus aux*
» *Français qu'à embrasser la cause de* NOS *anciens*
» *Rois*, et c'est pénétré de ce sentiment que je me
» suis rendu ce soir auprès de l'empereur Napoléon
» pour lui manifester *le vœu de la nation.* »

Est-ce clair?...

Ecoutons maintenant le général Carnot dans sa proclamation datée d'Anvers, 18 avril :

« Soldats ! *aucun doute raisonnable* ne pouvant s'é-
» lever sur *le vœu de la nation française en faveur*
» *de la dynastie des Bourbons ,* ce serait nous mettre
» en révolte contre l'autorité légitime que de différer
» plus long-temps à la reconnaître. Nous avons pu ,
» nous avons dû procéder avec circonspection; *nous*
» *avons dû nous assurer que le peuple français ne re-*
» *cevait cette grande loi que de* LUI-MÊME. »

Carnot dit ailleurs :

« *Le retour des Bourbons produisit en France un*
» *enthousiasme universel :* ils furent accueillis avec
» une effusion de cœur inexprimable. Les anciens
» républicains partagèrent sincèrement les transports
» de la joie commune : Napoléon les avait particu-
» lièrement tant opprimés ! toutes les classes de la
» société avaient tellement souffert qu'*il ne se trouva*
» *personne qui ne fût* RÉELLEMENT *dans l'ivresse.* »

Le savant A. Thierry dit dans son dernier ouvrage
historique :

« L'accord soudain des idées de liberté de 1789 avec
» les désirs et les projets des partisans de l'ancienne

» royauté amena la Restauration, que les étrangers,
» dans leur victoire, n'avaient NI CHERCHÉE, NI
» PRÉVUE... La restauration de Louis XVIII fut un
» événement providentiel. »

Et cela est si vrai, que M. Théodore Burette, qu'on
ne suspectera pas de royalisme, je crois, a écrit dans
son *Histoire de France*, page 561 :

« L'entrée des alliés fut morne et silencieuse... Sur
» le boulevart des Italiens, *le 31 mars 1814*, des cris
» rares, mais bien accentués, s'élevaient : *Vivent les*
» *Bourbons! Vivent nos libérateurs!* La cocarde blan-
» che et les fleurs de lys reparaissaient sur les cha-
» peaux et aux boutonnières ; *les souverains n'avaient*
» *point encore songé aux Bourbons.* »

Napoléon lui-même n'a-t-il pas dit, le 20 avril,
dans ses adieux de Fontainebleau : « Soldats! *la*
» *France ELLE-MÊME a voulu d'autres destinées;*
» soyez fidèles à votre nouveau roi. »

Comme on le voit, les suppositions de nos adver-
saires sont mensongères et anti-patriotiques : tout cela
me semble aussi absurde que si l'on prétendait que
Henri IV est revenu avec les étrangers, lui, le seul roi
dont le peuple ait gardé la mémoire, selon un poète
du *progrès*; lui qui, par son retour, fit cesser nos dis-
cordes intestines et chassa les étrangers qui avaient
fait décréter son bannissement pour s'emparer du
trône; lui enfin qui a été chanté par Voltaire dans sa
Henriade, et par Casimir Delavigne, mon illustre com-
patriote. Voici une strophe de sa belle *Messénienne*
intitulée : DU BESOIN DE S'UNIR; elle doit, pour nous

autres bons Français, lui faire pardonner sa *Parisienne* de 1830 :

> Henri, divin Henri, toi qui fus grand et bon,
> *Qui chassas l'étranger et finis nos misères,*
> *Les partis sont d'accord en prononçant ton nom.*
> Henri, de tes enfants fais un peuple de frères.
> *Ton image* déjà semble nous protéger ;
> Tu renais, *avec toi renaît l'indépendance ;*
> O Roi le plus français dont s'honore la France,
> *Il est dans ton destin de voir fuir l'étranger.*
>
> Et toi, son digne fils, après vingt ans d'orage,
> Règne sur des sujets par toi-même ennoblis.
> Leurs droits sont consacrés dans ton plus bel ouvrage.
> Oui, ce grand monument, affermi d'âge en âge,
> Doit couvrir de son ombre et ton peuple et le lis.
>
> . . . .

Ainsi généraux, magistrats, historiens et poètes, sont du même avis sur ce point, que les Bourbons sont revenus en France sans le concours des étrangers, et même contre leur gré, excepté messieurs de *la Presse* et du *Constitutionnel* et tant d'autres illustres organisateurs de désordres, qui ont pour habitude de ne jamais ni penser ni faire comme tout le monde. Ecoutez encore Auguste Barbier, républicain véritablement de la veille celui-là ; voici ce qu'il écrivait à l'occasion de l'inauguration de la statue de Napoléon sur la colonne Vendôme, en 1833 :

> Encor Napoléon ! encor sa grande image !
>   Ah ! que ce rude guerrier
> Nous a coûté de sang, et de pleurs, et d'outrages,
>   Pour quelques rameaux de laurier !
>
> J'ai vu l'invasion à l'ombre de nos marbres
>   Entasser ses lourds chariots ;
> Je l'ai vue arracher l'écorce de nos arbres
>   Pour la jeter à ses chevaux.

> J'ai vu l'homme du Nord à la lèvre farouche
>   Jusqu'au sang nous meurtrir la chair,
> Nous manger notre pain, et jusque dans la bouche
>   S'en venir respirer notre air.
>
> Eh bien! dans tous ces jours d'abaissement, de peine,
>   Pour tous ces outrages sans nom,
> Je n'ai jamais chargé qu'un être de ma haine :
>   Sois maudit, ô Napoléon!

. . . .
. . . .

Messieurs de *la Presse* et du *Constitutionnel*, voilà de la vérité, voilà de la probité en histoire. Que Louis XVIII se soit glissé sur le trône de ses ancêtres pendant ces « négociations avec Napoléon qui pro- » mettaient les plus heureux résultats », d'après Ney, je l'accorderais volontiers; mais alors le Roi avait la France entière pour complice. Comment supposer sérieusement, en effet, que nos vaincus de quatorze siècles, que ces mêmes étrangers que nous avons dé- pouillés pièce à pièce de leurs provinces pour nous agrandir et nous fortifier à leurs dépens, soient venus restaurer leurs maîtres, leurs vainqueurs d'hier, leurs vainqueurs de demain, peut-être, c'est impossible, cela n'est pas vrai, ce résultat n'avait été « *ni cherché* » *ni prévu.* »

II

Maintenant, voulez-vous savoir pourquoi *Paris n'a pas voulu se défendre en 1814?* c'est parce que la France n'était pas attaquée (1), et que l'Europe n'en

---

(1) L'empereur Alexandre l'a prouvé en disant au Sénat :
« Un homme qui se disait mon allié est entré dans mes états » en injuste agresseur; c'est à lui que j'ai fait la guerre, et non » au peuple français, dont je suis l'admirateur et l'ami. »

voulait qu'à Napoléon, ; c'est parce que la France voulait *la paix générale*, et qu'elle ne pouvait l'obtenir
qu'avec la monarchie héréditaire et traditionnelle ;
c'est, enfin, parce que la France pensait comme le
sénat et le corps législatif dont voici le décret :

« Considérant que, dans une monarchie constitutionnelle, le
monarque n'existe qu'en vertu de la constitution ou du pacte
social ;

» Que Napoléon Bonaparte, pendant quelque temps d'un gouvernement ferme et prudent, avait donné à la nation des sujets
de compter pour l'avenir sur des actes de sagesse et de justice,
mais qu'*ensuite il a déchiré le pacte qui l'unissait au peuple
français, notamment en levant des impôts, en établissant des
taxes,* autrement qu'en vertu de la loi, contre la teneur expresse
du serment qu'il avait prêté à son avénement au trône, confor-
mément à l'art. 53 de l'acte des constitutions du 28 floréal
an XII ;

» Qu'il a commis cet attentat aux droits du peuple lors même
qu'il venait d'ajourner sans nécessité le Corps législatif, et de
faire supprimer, comme criminel, un rapport de ce Corps, au-
quel il contestait son titre et sa part à la représentation nationale ;

» Qu'il a entrepris une suite de guerres en violation de l'art.
50 de l'acte des constitutions du 22 frimaire an VIII, qui veut
que la déclaration de guerre soit posée, discutée, décrétée et
promulguée comme les lois ;

» Qu'il a inconstitutionnellement rendu plusieurs décrets por-
tant peine de mort, nommément les deux décrets du 5 mars
dernier, tendant à faire considérer comme nationale une guerre
qui n'avait lieu que dans l'intérêt de son ambition démesurée ;

» Qu'il a violé les lois constitutionnelles par ses décrets sur les
prisons d'état ;

» Qu'il a anéanti la responsabilité des ministres, confondu
tous les pouvoirs, détruit l'indépendance des corps judiciaires ;

» Considérant que la liberté de la presse, établie et consacrée
comme l'un des droits de la nation, a été constamment soumise
à la censure arbitraire de sa police, et qu'en même temps il
s'est toujours servi de la presse pour remplir la France et l'Europe de faits controuvés, de maximes fausses, de doctrines favo-

rables au despotisme, et d'outrages contre les gouvernements étrangers ;

» Que des actes et rapports entendus par le sénat ont subi des altérations dans la publication qui en a été faite ;

» Considérant qu'au lieu de régner dans la seule vue de l'intérêt, du bonheur et de la gloire du peuple français, aux termes de son serment, Napoléon a mis le comble aux malheurs de la patrie par son refus de traiter à des conditions que l'intérêt national obligeait d'accepter, et qui ne compromettaient pas l'honneur français ;

» Par l'abus qu'il a fait de tous les moyens qu'on lui a confiés en hommes et en argent ;

» Par l'abandon des blessés sans pansement, sans secours et sans subsistances ;

» Par différentes mesures, dont la suite était la ruine des villes, la dépopulation des campagnes, la famine et les maladies contagieuses ;

» Considérant que, par toutes ces causes, le gouvernement impérial, établi par le sénatus-consulte du 28 floréal an XII, a cessé d'exister, et que le vœu manifeste de tous les Français appelle un ordre de choses dont le premier résultat soit le rétablissement de la paix générale, et qui soit aussi l'époque d'une réconciliation solennelle entre tous les états de la grande famille européenne ;

» Le sénat déclare et décrète ce qui suit :

» Art. 1er. — Napoléon Bonaparte est déchu du trône, et le droit d'hérédité établi en sa faveur est aboli.

» Le peuple français et l'armée sont déliés du serment de fidélité envers Napoléon Bonaparte.

» Signé : BARTHÉLEMY, comte de VALENCE,
PASTORET. »

Voilà pourquoi *la France n'a pas voulu se défendre en 1814 !* Et si la nation applaudit avec des transports d'allégresse à ces divers décrets et proclamations, c'est parce que, comme dit Carnot, « le re » tour des Bourbons produisit un enthousiasme uni » versel. » Le *Journal des Débats* du 13 avril disait, à propos de l'entrée à Paris de M. le comte d'Artois, frère du Roi :

« Nous avons vu bien des fêtes depuis vingt-quatre ans ; rien n'y était épargné pour nous éblouir par la pompe et la nouveauté du spectacle, la richesse des costumes, le luxe des voitures, l'élégance des illuminations ; tout l'appareil extérieur de la puissance y était déployé pour nous imposer, mais cette illusion d'un moment était aussitôt effacée et détruite par la réalité des choses. On frappait nos sens, mais on ne parlait pas et l'on ne pouvait parler à nos cœurs. En vain les dominateurs de la France affectaient la majesté des Rois : nos consciences leur refusaient ce respect intérieur sans lequel les hommages publics ne sont que de viles adulations, de ridicules représentations de théâtre. Ils manquaient essentiellement de dignité, parce qu'ils ne pouvaient cacher à nos yeux le caractère de nouveauté et d'usurpation qui les accompagnait partout.... Voilà les sentiments que nous étions encore forcés de contenir il y a quinze jours, et qui ont éclaté aujourd'hui avec une unanimité sans exemple, à la présence d'un prince de la maison royale de France, de cette antique et glorieuse maison qui a régné sur nous pendant 800 ans, à qui nous devons nos arts, nos sciences, nos monuments, la politesse de nos manières, l'aménité et l'élégance de nos mœurs, et tout ce qui nous relevait autrefois parmi les autres nations.

» Il est impossible de décrire l'enthousiasme et la joie que l'immense population de Paris a fait éclater partout sur le passage de S. A. R. Nous n'avons jamais rien vu de semblable, et nous ne craignons pas de dire que nos pères n'ont rien vu de plus beau, de plus auguste et de plus touchant. Il ne s'agit pas ici de pompe et de magnificence ; il s'agit de l'amour du peuple pour le prince et de l'amour du prince pour le peuple.

» MONSIEUR répondait à l'allégresse du peuple par les salutations les plus affectueuses. On ne pouvait se lasser d'admirer à la fois et cette dignité qui brillait dans toute sa personne, et cette bonté qui régnait sur tout son visage : à ces traits, qui n'aurait pas reconnu le fils de Saint-Louis et de Louis XIV, et le frère de Louis XVI ?

» C'est au milieu d'une population rendue heureuse par sa présence que MONSIEUR est arrivé à Notre-Dame, d'où, après avoir entendu le *Te Deum* et le *Domine salvum fac regem*, il a été reconduit par le même cortége jusqu'au palais des Tuileries. »

A l'occasion de la rentrée du roi Louis XVIII à Paris, le 3 mai, le même journal dit encore :

« Il est enfin remonté sur le trône de ses ancêtres ce roi que les vœux des bons Français appelaient depuis tant d'années. Les habitants de Paris se sont montrés dignes par leurs hommages, leur allégresse et les marques touchantes de leur piété filiale, de revoir ce père qui n'a cessé de chérir ses enfants, de les plaindre, de s'occuper de leur bonheur, même au milieu de leurs plus grands égarements. Nous ne pourrons jamais donner une assez juste idée des solennités qui ont accompagné le retour du roi dans sa capitale, tant l'affluence était grande et tant elle a fait naître d'événements féconds en *merveilles inattendues.* »

Lorsque M. le comte de Chabrol, préfet de la Seine, reçut l'auguste frère de Louis XVI, en tête du conseil municipal, il dit au monarque :

« L'image de Henri IV, dérobée si long-temps à nos regards, reparaît dans ce jour solennel ; elle nous rappelle des temps d'orages auxquels succéderont bientôt ceux de la félicité publique. Son règne a recommencé aujourd'hui. La France entière, heureuse par sa confiance et son amour, tourne aussi ses regards sur des princes chéris, sur une princesse auguste dont le nom réveille tant de sentiments et d'emotions, et s'écrie dans des transports de joie et d'attendrissement : *Vive le roi! Vivent les Bourbons!* »

Enfin, toute la France répéta dans ses innombrables adresses au Roi cette grande vérité exprimée par le conseil municipal de Caen : « Sire, vous devez » maintenant compter autant de sujets que de Fran- » çais. La Providence n'a voulu frapper votre peuple » que pour lui apprendre qu'*il n'est pas de bonheur* » *ni de paix loin de ses rois légitimes.* »

III

Quelle différence entre ces sentiments et ceux que

nous voyons éclater lorsqu'on apprend la conspiration de 1815 et le débarquement de Napoléon, qui devait nous coûter tant d'or, de larmes et de sang : car, le 20 mars de moins, que de choses la France posséderait de plus !...

Voici comment M. Alphonse de Beauchamp (1) raconte ce qui amena le désastreux traité du 30 nov. 1815 :

« Le duc de Richelieu, nouveau président du conseil, fut chargé seul de conduire la négociation la plus épineuse qui ait jamais exercé le zèle et éprouvé le dévoûment du ministre d'état d'un souverain malheureux. Plus de onze cent mille soldats étrangers couvraient la France (un million cent quarante mille, selon les états vérifiés et confirmés par le duc de Wellington), sans compter les réserves russes et autrichiennes qui étaient en marche vers le Rhin. *Toute l'armée prussienne se concentrait de nouveau vers Paris avec une attitude menaçante.....*

» Dans des circonstances si critiques, le duc de Richelieu, profondément frappé de la nécessité de mettre vite un terme aux souffrances causées par l'inondation des étrangers, abandonna la discussion des principes généraux, et ne s'attacha qu'à obtenir des adoucissements aux conditions qu'il était impossible de faire changer dans leur essence..... Enfin, après avoir épuisé tous les moyens de discussion et de résistance, le président du conseil signa, au nom du Roi, le traité du 20 novembre, résultat inévitable de la seconde apparition de l'homme si fatal à la France.

---

(1) *Campagne de 1815*, t. 2, p 598 à 600.

» La France dut céder à perpétuité Landeau, Sarre-Louis, Philippeville, Marienbourg et Versoix ; il fallut rétrocéder à la Savoie et aux Pays-Bas le territoire obtenu par le premier traité de Paris ; il fallut raser les fortifications d'Huningue, et recevoir les alliés pendant cinq ans dans seize forteresses, savoir : Condé, Valenciennes, Bouchain, Cambrai, le Quesnoy, Maubeuge, Landrecies, Avesnes, Rocroi, Givet avec Charlemont, Mézières, Sedan, Montmédy, Thionville, Longwy, Bitche, et la tête du pont du Fort-Louis. Une armée combinée d'occupation de cent mille hommes, s'appuyant sur ces places frontières, et commandée en chef par le duc de Wellington, resta comme une garantie pour la sécurité de l'Europe et pour la sûreté intérieure de la France : car ce grand acte de la puissance européenne fut explicitement dirigé « contre le système révolutionnaire, reproduit pour » faire réussir le dernier attentat de Napoléon Buona- » parte. » (Voir le préambule du traité du 20 novembre 1815.)

» Les alliés laissaient au Roi cinq années pour consolider son gouvernement. Enfin, la totalité des engagements que fut obligée de contracter la France, y compris l'entretien des troupes étrangères, s'éleva à quatre-vingts millions de livres sterling (1), selon le discours prononcé par lord Castelreagh à la séance de la Chambre des communes le 20 novembre 1816. »

Pour qu'on ne m'accuse pas de rechercher les preuves de ce que j'avance dans les archives royalistes,

---

(1) Deux milliards de francs.

voici ce qu'écrivait Benjamin Constant le 19 mars 1814 (1); ce qu'il disait alors, toute la France le pensait avec lui :

« Quels sont les droits de Napoléon? La légitimité héréditaire? mais une courte occupation de douze années et la désignation d'un enfant pour successeur ne peuvent se comparer à *sept siècles d'un règne paisible*. Allègue-t-il le vœu du peuple ? Mais si ce vœu doit être compté, n'a-t-il pas été unanime pour rejeter Napoléon? Il promet le maintien des propriétés; mais cette parole même, il ne peut la tenir, n'ayant plus les richesses de l'univers à donner pour récompense à ses satellites, ce sont nos propriétés qu'il veut dévorer. Il revient aujourd'hui pauvre et avide, n'ayant rien à réclamer ni rien à offrir. Qui pourrait-il séduire? La guerre intestine, la guerre extérieure, voilà les présents qu'il nous apporte. Son apparition, qui est pour nous le renouvellement de tous nos malheurs, est pour l'Europe un signe d'extermination (2). Qui pourrait hésiter ? Du côté du roi est la liberté constitutionnelle, la sûreté, la paix; du côté de Bonaparte, la servitude, l'anarchie et la guerre. Il promet clémence et oubli; mais quelques paroles jetées dédaigneusement, qu'offrent-elles autre chose que la garantie du mépris? Ses proclamations sont celles d'un tyran déchu qui veut ressaisir le sceptre; c'est un chef armé qui fait briller son sabre pour exciter l'avidité de ses soldats; c'est Attila, c'est Gengiskan, plus terrible, plus odieux, qui prépare tout pour régulariser le massacre et le pillage. Quel peuple serait plus digne que nous de mépris si nous lui tendions les bras? Nous deviendrions la risée de l'Europe après en avoir été la terreur; nous reprendrions un maître que nous avons nous-même couvert d'opprobre; notre esclavage n'aurait plus d'excuses, notre abjection plus de bornes; et du sein de cette abjection profonde qu'oserions-nous dire à ce roi que nous aurions pu ne pas rappeler, car *les puissances voulaient respecter l'indépendance du vœu national; à ce roi que nous avons attiré par nos résolutions* SPONTANÉES *sur la terre*

----

(1) Voir le *Journal des Débats* et le *Journal de Paris.*

(2) Trois mois après, jour pour jour, cette prophétie s'accomplissait dans les plaines de Waterloo !

où déjà sa famille avait tant souffert ? Lui dirons-nous : « Vous
» aviez cru aux Français ; nous vous avons entouré d'hommages
» et rassuré par nos serments ; vous avez quitté votre exil, vous
» êtes venu au milieu de nous seul et désarmé ; tant que nul
» danger n'existait, tant que vous disposiez des faveurs et de la
» puissance, un peuple immense vous a étourdi par des accla-
» mations bruyantes ; vous n'avez pas abusé de son enthousias-
» me ; vous avez été noble, bon, sensible ; *une année de votre*
» *règne n'a pas fait répandre autant de larmes qu'un seul*
» *jour du règne de Bonaparte.* Mais il reparaît cet homme teint
» de notre sang ; il se montre, il menace, et ni les serments ne
» nous retiennent, ni votre confiance ne nous attendrit, ni la
» vieillesse ne nous frappe de respect ; vous avez cru trouver
» une nation, vous n'avez trouvé qu'un troupeau d'esclaves. »
Parisiens ! non ! tel ne sera pas notre langage, tel ne sera pas du
moins le mien. Je n'irai pas, *misérable transfuge, me traîner*
d'un pouvoir à l'autre, couvrir l'infamie par le sophisme, et bal-
butier des mots profanes pour racheter une vie honteuse. »

Le *Journal des Débats* disait plus tard :

« Lorsque, le 20 mars, le tyran, protégé par une soldatesque
parjure, vint usurper, dans un palais en deuil et dans une capitale orpheline, il enveloppa son entrée des ombres de la nuit. Il
arriva seul avec le cortége de ses complices et de ses crimes ; il
n'osa braver les regards et l'affluence de ce peuple dont il se
prétendait le libérateur. Louis arrive environné de ses innombrables enfants ; le soleil éclaire son entrée ; la foule impatiente
entoure et presse sa voiture. Arrivé aux Tuileries, quatre cent
mille bras se disputent l'honneur de le porter sur son trône.
Cette différence sera caractéristique pour l'histoire. »

Et le maréchal Soult, l'un des plus illustres capi-
taines de Napoléon, que dit-il du retour de l'île d'Elbe?...
Voici son ordre du jour à l'armée ; je le copie textuel-
lement :

« SOLDATS !

« Cet homme, qui naguère abdiqua aux yeux de toute l'Europe le pouvoir usurpé dont il avait fait un si fatal usage, Buonaparte est descendu sur le sol français, qu'il ne devait plus revoir.

» Que veut-il ? La guerre civile. Que cherche-t-il ? Des traîtres. Ou les trouverait-il? Serait-ce parmi ces soldats qu'il trompés et sacrifiés tant de fois en égarant leur bravoure? Serait-ce au sein de ces familles que son nom seul remplit encore d'effroi?

« Buonaparte nous méprise assez pour croire que nous pouvons abandonner un souverain légitime et bien aimé, pour partager le sort d'un homme qui n'est plus qu'un aventurier. Il le croit, l'insensé! et son dernier acte de démence achève de le faire connaître.

» Soldats! l'armée française est la plus brave armée de l'Europe : elle sera aussi la plus fidèle.

» Rallions-nous autour de la bannière des lis, à la voix de ce père du peuple, de ce digne héritier des vertus du grand Henri. Il vous a tracé lui-même les devoirs que vous avez à remplir. Il met à votre tête ce prince, modèle des chevaliers français, dont l'heureux retour dans notre patrie a déjà chassé l'usurpateur, et qui, aujourd'hui, par sa présence, va détruire son seul et dernier espoir. »

Et le fidèle Bertrand, que dit-il en parlant du *hideux* 20 *mars*, comme l'appelle M. Villemain :

« Napoléon revint sans l'approbation des puissances
» monarchiques, qui n'avaient pu prévoir un pareil *at-*
» *tentat*, et qui se mirent en colère contre celui qui
» s'en était rendu coupable. Ils crièrent tous à l'usur-
» pation, et leurs innombrables baïonnettes furent *di-*
» *rigées contre Napoléon.*

IV

Je n'en finirais pas si je voulais rappeler l'opinion de tous les hommes éminents qui ont accusé Napoléon de tous les maux, de tous les désastres qu'a subis la France en 1815, et qui ont glorifié le patriotisme séculaire de nos Bourbons. « Non, le *parti de l'étranger*
» n'est pas celui qui a donné à la France Philippe-
» Auguste, le vainqueur de Bouvines ; — saint Louis,
» le héros de Taillebourg ; — Duguesclin, l'infatigable

» batailleur et la terreur des Anglais;—Jeanne d'Arc,
» choisie par Dieu pour ouvrir, avec sa houlette, à
» Charles VII, le chemin de son trône usurpé; —
» François Ier, le Père des lettres et le vainqueur de
» Marignan;—Bayard, le chevalier sans peur et sans
» reproche; — Henri IV, l'ami du peuple, — et Louis
» XIV, dont le génie fit revivre la France de Charle-
» magne. Le dévoûment et le patriotisme de nos pères
» étaient un rempart invincible contre l'invasion :
» alors la France était suffisamment protégée par le
» courage de ses enfants; on savait qu'il faudrait les
» abattre tous jusqu'au dernier pour s'ouvrir un pas-
» sage ; et des hommes résolus, confiants en la justice
» de leur cause, sont plus difficiles à aborder et à ren-
» verser que les plus fortes murailles (1). »

Ce *parti de l'étranger*, Messieurs de *la Presse* et du
Constitutionnel, se résumait dans MM. de La Roche-
Jacquelin, de Bourmont, de Dreux-Brézé, aide-de-
camp du maréchal Soult, Clouet, et tant d'autres qui
ont combattu avec l'empereur Napoléon depuis la campagne de Russie jusqu'à Montmirail et à Champ-Au-
bert, en défendant l'honneur de la France et l'inté-
grité de son territoire.

Aussitôt après la bataille de Waterloo, le général
Bourmont, couvert de blessures, franchit la frontière,
soulève les populations de la Flandre au nom du Roi,
et s'empare de dix-sept villes, parmi lesquelles on
compte Lille, Dunkerque, Arras, Douai, etc., en ferme les portes aux étrangers, préserve l'occupation des
provinces d'Artois et de Flandre, et conserve à la

---

(1) Journal *l'Orléanais*, 1840.

France 40,000 fusils, 4,000 pièces de canon et six millions de francs dont les alliés se seraient inévitablement emparés. Quel bonheur pour la France s'il se fût trouvé, en 1815, une vingtaine d'hommes semblables à M. de Bourmont ! Nous posséderions quatre ou cinq cents millions de plus : c'est peu sans doute de la part d'un des hommes du *parti de l'étranger*, mais enfin c'est bien quelque chose.

V

Je me résume :

Si le parti de l'étranger est le parti qui a détrôné l'empereur Napoléon, et qui a travaillé de tous ses efforts à la restauration des Bourbons, je suis fier, je suis glorieux d'en faire partie, car il a donné quinze ans de prospérité et de paix glorieuse à mon pays; il a, dès 1816, voulu restituer le suffrage universel aux Français en demandant que le cens descendît à 50 et même à 25 fr., ce que nos prétendus *libéraux* (1) ont repoussé comme étant « le vote de la sacristie et des châteaux. » Ce parti de l'étranger est allé en Espagne et a conquis l'Algérie, malgré l'Angleterre et sans le concours de l'Europe; il a donné l'indépendance à S.-Domingue et à la Grèce chrétienne, et, malgré toutes ces expéditions, dès la seconde année de son règne, il a degrevé la propriété de quatre-vingt-seize millions, donné le milliard réparateur aux émigrés (2), payé

---

(1) Voir la session de 1815-1816, discussion de la loi électorale. M. Théodore Burette est obligé d'avouer qu'alors MM. de Villèle, de Corbière, de La Bourdonnaye, etc., étaient les véritables libéraux; et que MM. Audry de Puyraveau, de Corcelles, etc., étaient les rétrogrades.

(2) Il faut être juste envers tout le monde. On a accusé les

les frais d'une guerre qu'il n'avait *ni cherchée ni prévue*, puisqu'elle était faite contre lui ; et, avec tout cela,

---

royalistes d'avoir donné le milliard d'indemnité aux émigrés ; il n'en est rien, ils ne pouvaient être juges et parties dans leur propre cause : c'est à l'empereur Napoléon qu'appartient l'initiative de ce grand acte d'équité nationale. En voici la preuve, tirée de M. Pelet de la Lozère :

« Napoléon s'exprima toujours avec faveur au sujet des émigrés. Ils étaient victimes à ses yeux de leur dévouement à un principe qui était le sien, le principe monarchique. Peu lui importait que ce dévouement se fût adressé à d'autres qu'à lui. Il se flattait d'en hériter..... Qu'avait-il à démêler, disait-il, avec les Bourbons? Était-ce lui qui leur avait pris leur couronne? Était-il à leur égard un usurpateur?..... Son horreur des révolutions et le danger de leur exemple lui faisaient désirer d'être considéré comme l'héritier direct et naturel de la dernière dynastie. On ne pouvait sans lui déplaire se servir devant lui de cette expression : *Depuis la révolution.* Il semblait que c'était la reconnaître et lui donner une consécration nouvelle. Il aurait voulu en effacer jusqu'au nom. Ce n'était pas les royalistes qu'il redoutait, mais les idéologues et les républicains.....

» On remarquera, dans le discours que nous rapportons, que l'Empereur, touché de la situation des émigrés dont on avait vendu les biens, cherchait un moyen de les indemniser...

OPINION DE NAPOLÉON.

Séance du Conseil d'état du 1er juillet 1806.

« Il y a en France quarante mille émigrés sans moyens d'existence ; ces familles ont fourni de braves militaires, qui ont reçu des blessures à l'armée ; ils demandent la restitution de leurs biens, ou une indemnité : il faudra bien un jour faire quelque chose pour ceux à qui il ne reste que 10,000 francs de rente de 100,000 qu'ils avaient autrefois. Les émigrés du dehors sont plus intéressants que les hommes de la même classe qui ne sont pas sortis, car ils ont eu le courage de faire alors la guerre et de faire aujourd'hui la paix. » (Pelet de la Lozère.—*Opinions de Napoléon* sur divers sujets de politique et d'administration, recueillies par un membre de son Conseil d'état, p. 269à 272.)

ce parti de l'étranger ne nous a laissé qu'un budget de neuf cent quarante-cinq millions (1), que nos révolutionnaires se sont empressés de porter à seize cents millions, sous prétexte de progrès.

Mais, à propos de *parti de l'étranger* et de l'Espagne, je vous demanderai, révolutionnaires de toutes les nuances, vous qui aimez tant la liberté, la nationalité pour vous et sans doute aussi pour les autres, que faisiez-vous en octobre 1823 avec le citoyen Armand Carrel (2), qui avait quitté son régiment et embauché nombre de ses camarades, pour vous suivre, que faisiez-vous derrière la Bidassoa en tirant le premier coup de fusil ennemi sur l'armée française? était-ce du patriotisme?... Etait-il bien bon patriote aussi le général Foy quand il disait en pleine tribune, à propos de cette expédition toute française, puisque l'Angleterre s'y opposait :

---

(1) Voir les chiffres si consciencieux de M. Cornet-d'Incourt.

(2) Fait prisonnier avec 2000 autres émigrés, Armand Carrel, qui avait prêté serment de fidélité au Roi et au drapeau blanc comme élève de Saint-Cyr et comme officier au 29ᵉ de ligne, fut traduit devant le conseil de guerre de Perpignan et condamné à mort comme *transfuge à l'ennemi* (termes de l'arrêt de la Cour de cassation).

Voici un passage de la défense qu'il prononça alors ; certes, elle ne faisait pas prévoir le fougueux lutteur républicain de 1832, que *Sa Pudeur* M. de Girardin a tant combattu de sa plume et de son épée :

« Ma présence à Llado a été une conséquence de *ma fuite en Espagne*, qui a été elle-même une malheureuse conséquence d'une conduite *que je déplore amèrement.* J'ai tout ignoré à Barcelonne, et, *s'il m'eût été donné de savoir que le prince généralissime eût rallié tous les partis, que l'armée française se fût couverte d'une gloire immortelle dans la Péninsule,* j'aurais fui de Barcelonne avant que Mina et Rotten eussent fait régner la terreur dans cette ville. » (*Moniteur,* p. 1049.)

« *La campagne sera manquée ;* un moment viendra
» où, après des pertes douloureuses, *une retraite cou-*
»*ronnera dignement* une folle et coupable entreprise.»
—Quelle charitable prophétie pour un général français!

Etait-il bien patriote aussi *le National* de juin 1830
qui annonçait jour par jour, heure par heure, à nos
ennemis, le mouvement des troupes françaises pour la
descente en Afrique, et qui prophétisait aussi un re-
vers?... — Où donc puisait-il ses documents ?...

Une folle et coupable entreprise ! a dit le général
Foy ; mais vous tous, valeureux *patriotes* français,
qui, en compagnie d'Italiens, d'Allemands, de Polo-
nais, etc., etc., êtes allés établir un préfet anglais sur
le trône de Belgique, soutenir l'usurpatrice Isabelle
en Espagne, et détrôner don Miguel pour restaurer le
traître don Pedro à Lisbonne, n'osez donc plus parler
du *parti de l'étranger* : vous n'êtes que des charlatans
de patriotisme et de libéralisme. Allez ! vous me fe-
riez seulement pitié s'il ne s'agissait que de vos escapa-
des, de vos donquichotades hors frontières ; mais
vous trompez, mais vous désolez incessamment notre
chère et malheureuse patrie... Vous me faites horreur!

Un jour viendra sans doute où la France sera assez généreuse pour vous pardonner des folies qui lui
ont coûté tant d'or, de sang et de larmes ; ce jour tant
désiré par nous sera le jour de la *réconciliation uni-
verselle* ; mais *n'y revenez plus*, car vos entreprises
de félicité publique coûtent trop cher.

FRÉDÉRIC DOLLÉ.

43, rue du Rocher.

Paris, 29 septembre 1852.